1901

48ᵉ Exposition
des
Amis des ARTS
de
Seine et Oise

V

SOCIÉTÉ DES AMIS DES ARTS

DE SEINE-ET-OISE

48e EXPOSITION

DESCRIPTION

DES

ŒUVRES DE PEINTURE

SCULPTURE, ARCHITECTURE, GRAVURE

MINIATURE, DESSINS ET PASTELS

EXPOSÉES

DANS L'ORANGERIE
DU PALAIS DE VERSAILLES

DU DIMANCHE 7 JUILLET
AU 22 SEPTEMBRE 1901

Prix : **50 centimes**

VERSAILLES
IMPRIMERIES CERF
59, RUE DUPLESSIS, 59
—
1901

SOCIÉTÉ DES AMIS DES ARTS DE SEINE-ET-OISE
(1901)

COMPOSITION DU BUREAU

Président.

M. Barbier (Maxime), 25, avenue de Paris.

Vice-Présidents.

MM. Renault (Victor), rue Richaud, 30.
Renaud (Emile), ✠, avenue de St-Cloud, 77.

Trésorier.

M. Gatin, ❀ I, rue Jacques-Boyceau, 13.

Trésorier-adjoint.

M. Marquis, place Hoche, 7.

Secrétaire.

M. Larrue, ❀ A, rue Jacques-Boyceau, 11.

Secrétaires-adjoints.

MM. Gavin, ❀ I, 6, rue des Tournelles.
Didier, ❀ A, rue Alexandre-Lange, 16.

Secrétaire général des Expositions.

M. Bergy, ❀ A, 16, rue Hoche.

Membres de la Commission d'organisation pour 1901.

MM. MAXIME BARBIER, *président*,
BERCY, 🏵 A, *secrétaire général*,
G. BERTRAND, 🏵 A,
DIDIER. 🏵 A,
JONETTE, ✳, 🏵 I,
LANDMANN, 🏵 A,
LARRUE, 🏵 A,
LE ROY,
MATERRE, 🏵 A,
PRODHOMME, 🏵 A,
E. RENAUD, ✠,
V. RENAULT,
G. RENAULT,
MANGEANT, 🏵 A.

LISTE DES MEMBRES

Abbey (John).
Achenbach (Gabrielle), Paris.
Adam, Plaisir.
Alègre (Maurice).
Angrand.
Arondel.
Asche (Mlle Van), Paris.
Auboin.
Audiffred (Mme), Paris.
Augé (Mlle Mathilde), Paris.
Avalle.
Bacheracht (Mme).
Backer (Mme Maurice), à Ville-d'Avray.
Backer (Mme), Ville-d'A-vray.
Backer fils, Ville-d'Avray.
Baillet (Henry).
Baillet (Mme Henry).
Baillet (Albert).
Baillot (Mme).
Baillou (Ernest).
Barbé (Mlle Madeleine), à Orchies-Villers, Oise.
Barbichon.
Barbier (Maxime), *président*
Barbier (Emile).
Barbier (Eugène).
Barbier (Mme Eugène).
Barbier (Henri).
Barbier (Léon).
Barbier (Mlle Marie).
Barbier-Vanblotaque.
Barbier-Vanblotaque (Mme Pauline).
Barolle (Mlle Marie), au Grand-Montrouge, Paris.
Bastien (Mlle Marie).

Batta.
Beaucerf (Mlle Blanche).
Benoit.
Benoit (Mme).
Bercy (Louis), *secrétaire général des Exposi-tions*.
Bergerot (Mme), Paris.
Cernard.
Bernard fils.
Bernard (colonel baron).
Bernard (Mlle Marguerite).
Berson.
Berteaux, Chatou.
Berthelemot (Henri).
Bertrand (Georges).
Besnard (Henri).
Besnard (Mme Léon).
Beugniet (Georges).
Blain des Cormiers (Mme).
Blanchery.
Blanchery (Mme).
Blangeard aîné.
Bonnet (Mme).
Borel (Mlle).
Boulland.
Boullin-Saint-Amand.
Boullin-Saint-Amand (Mme)
Bourdier (Alexandre).
Boy.
Boyé (Mme).
Bréchot (Dr).
Brémard (Henry).
Breteuil.
Breteuil (Mme).
Breteuil (Mme Ve).
Breteuil (Mlle A.).
Breton (Georges).
Brigonnet (Mlle), Enghien.

Brisgand, Paris.
Brossard (Mlle Pauline), Viroflay.
Brossier (Mme).
Brunet, Parmain.
Bucquet (Maurice), Paris.
Cabarrus (Jenika), Paris.
Cahen.
Canel (Mme).
Caspers (Mlle Pauline), à Nogent, près Paris.
Castex – Lamorre (Mme), Rennes.
Céard (Mme).
Celerier (Edouard), Paris.
Cerf fils.
Chaix (le docteur).
Changeux, Viroflay.
Chansardon.
Chardon, Paris.
Charier-Wira (Mme Marie).
Charnacé (Mme la marquise de).
Charpentier.
Chérion.
Chevalier, Paris.
Chevé (Léon).
Cicile (Mme).
Clément (Mlle Florentine).
Clérice (Mme Justine), Paris
Colin (Mme).
Contesenne (Mlle Marie).
Costeau.
Coüard.
Couderc (Victor).
Coudret (Mme Victor).
Coudret (Mme Alexandre).
Coudret (Paul).
Coudret (Mme Paul).
Couturier.
Croullebois.
Croullebois (Mme).
Curot (Mme), Paris.
Curral.
Dagiral.
Daulé fils.

Deguingand.
Delabarre-Duparcq, Paris.
Delacourcelle, Boulogne-sur-Seine.
Delamotte (Alfred).
Delarue (Maurice), Paris.
Delaunay.
Delbecque (Mlle), Paris.
Delorme (Mlle).
Denevers (Emile).
Denevers (Mme).
Denevers (Paul).
Denneville.
Deplante (Mme), Clichy.
Deroisin.
Deschars (Léon).
Descomble.
Descomble (Mme).
Descomble fils.
Desgenetais (Mme Marie), Paris.
Desnos (Mme Ferdinand).
Detaille.
Devaux (Mme).
Diard (Mlle Madeleine), Rambouillet.
Didier (Mme).
Didier (Clovis).
Dorbec (Mme), Asnières.
Dormois, Saint-Germain-en-Laye.
Dormont.
Dreux.
Dubillon.
Dubuisson.
Dubuy, Paris.
Duenes d'Atheim (Mme), Senlisse.
Dufaure, anc. député (château de Gillevoisin, près Lardy) (S.-et-O.).
Dufi (Ch.).
Dufour (Mme).
Dufresnay-Besnard (Fréd.).
Dumas (Mlle Alice), Paris.
Dumini, Meudon.

Dumont.
Dumont (Mme).
Dupaty (Charles).
Dupont-Binard (Mlle), Paris.
Durand (Albert), Paris.
Durand (Mlle Juliette), Paris.
Durand (Mlle).
Duval.
Erdès.
Esnault (Mme).
Euvé (Edmond).
Eve (Mme Alphonse).
Eve (Alphonse).
Fagniez.
Falcimaigne, Angerville (S.-et-O.).
Fauchon.
Favarcq (Mme), Chesnay.
Favier.
Feldtrappe, Paris.
Féron, Paris.
Fiel.
Fiel (Mme).
Filliette (Mme).
Filliette (Alfred).
Firnhaber (Mlle Elise), Asnières.
Fisanne fils.
Fizel-Dubisson.
Flamant (Octave).
Flamant (Mme Octave).
Fleury (Mme Léon)
Fleury (Léon) fils.
Forsberg (Nil), Paris.
Fouque, Paris.
Foussier (le commandant).
Foyot d'Alvar (Mme), Paris.
Frederick.
Gaffard (Mme).
Galinier (Marcel).
Gallet-Levadé (Mme Louise), Paris.
Gambon (Mlle Jeanne).
Gandouin, Paris.
Gatin.
Gauthier (Albert), député.

Gautier (Constantin).
Gautier-Martin, Sannois.
Gavin.
Gavin (Mme).
Gayat (Mlle Hélène).
Gebleux, Sèvres.
Gelibert (Gaston), Châtillon-sous-Bagneux (Seine).
Georges.
Giacomelli, à Clermont-Ferrand (Puy-de-Dôme).
Gillet (Emile), Paris.
Girard (Mme).
Godin (Mme Paul).
Goisque (docteur).
Gondrexon, Charleville.
Got.
Grondard (Philippe), Ivry-Petit-Bourg.
Grosseuvre.
Groszer (Mlle Louise).
Guillaumot (Mme Emilie), Paris.
Guillebon (Mme de), Buc.
Guilmant, Meudon.
Haizet, notaire.
Haizet (Mme).
Haudart.
Haury (Mlle Alice).
Haussmann.
Haussmann (Mme).
Hauteclair (d'), Ville d'Avray.
Hébert.
Heim, Blois.
Hernuier (Mlle Octavie), Paris.
Houlet (Félix).
Houlet (Mme Marie), Paris.
Huber (Léon), Paris.
Huet, Paris.
Humbert.
Humbert (Mme).
Imbert.
Iwill, Paris.
Jacquot, Valmondois.

Jardon. Paris.
Jessé (Mme Gaston).
Joleaud (le colonel).
Jolivet.
Joly (Mme).
Jonette.
Jonette (Henry).
Josse.
Jouin.
Juge (Julien).
Julien (Mlle Anna), Neuilly-sur-Seine.
Jullien.
Jungfleisch Aboilard (Mme), Paris.
Junière (Mme).
Klinger (Mlle Marie), Paris.
Knol (Jules), Rambouillet.
Koechlin (Mme), Paris.
Koechlin (Daniel), Paris.
Labbé (Mlle Blanche), Paris.
Labric (Mme), Boulogne-sur-Seine.
Lacombe (Mme).
Laffitte (Paul), Paris.
Lahr (Mme), Boulogne-sur-Seine.
La Lyre, Courbevoie.
Laloua (Mlle).
Lambert (Ctesse L. de).
Lambert (Mme Joseph).
Lambert (Henri).
Lambert.
Lamy (Mlle Aline), Paris.
Landmann.
Langlois.
Laperche (Mme).
Larcher (Mme).
Larcher.
Larive (Mme), Chesnay.
Larrue.
Laurent, Paris.
Laverne.
Léal (Mlle G.), Paris.
Leblanc, Paris.
Leblanc (E.), Paris.

Le Boulch.
Lecesne, Etampes (Seine-et-Oise).
Ledru.
Lefebvre (Edouard).
Lefebvre (Mme).
Lefebvre (Mme).
Lefebvre-Glaize (Mme Maguelonne), Paris.
Lefèvre (Alfred).
Lefort.
Legrand (Maxime), Etampes
Lejeune (Mme).
Lemaire (Georges), Paris.
Lemaître.
Le maître (Mme).
Lemaréchal (Mme).
Le Marié, Paris.
Lemut (Jules), à Épernay.
Lenoir.
Lenoir (Mme).
Léonard.
Lépine (Mme).
Lépine (Alfred).
Lepine (Louis).
Leroux (Albert), Paris.
Leroux (René).
Le Roy (Henry).
Leroy.
Leroy (Théodore), Marcoussis.
Lesieur, Saint-Vrain.
Lesieur (Mme), Saint-Vrain.
Lesieur (Mme), Paris.
Lesieur (Mme Emile), Boulineau (Seine-et-Marne).
Lesieur (Emile), Boulineau (Seine-et-Marne).
Letourneur (Mme).
Leyendecker (Paul).
L'huer, Paris.
Loghadès (Mme de), Paris.
Loiseau (Mme), Paris.
Lorillard.
Louchet (Paul), Herblay.
Louppe (Mlle Léonie), Paris

Loustaunau (Mlle).
Louvard.
Luce (Louis).
Mainguet (Mme).
Mancini, Paris.
Manel-Féliu, Sèvres.
Mangeant.
Manuel (André).
Manuel (Georges).
Many (Mme), Paris.
Marcille.
Marque fils (César).
Marque (Mme César).
Marquis.
Martin.
Martin (Victor), aux Sablons (Seine-et-Marne).
Martinet (Mlle), Paris.
Martinon (Mme).
Mascart, Paris.
Masson (Henri).
Masson fils (Pierre).
Materre.
Materre (Mme).
Mathé.
Matrod-Desmurs, Paris.
Meinadier (Mlle).
Ménager.
Mercier, Marcoussis.
Messines (le pasteur).
Meunier.
Meunier.
Miaux.
Mignot.
Millet (Mme Emile).
Moinot.
Monin (Dr), Paris.
Monod (Gabriel).
Mony (Adolphe), Paris.
Moreau (Albert).
Moreau (Mme Albert).
Moreau (Emile).
Morel.
Mouillard, Paris.
Moulin (Mme), Saint-Germain-en-Laye.

Nansot, avoué.
Naudet.
Nolhac (Mme de).
Norlini (Giuseppe).
Olivier, Paris.
Olry (Charles).
Orbinot.
Ortiou, Paris.
Ottenheim.
Ottenheim (L.).
Paget (Mlle Aline), Montreuil-sous-Bois.
Paisant.
Paisant (Mme).
Pallandre (Albert).
Pallandre (Lucien).
Pallandre (Maurice).
Palmer.
Paris (Mme Louis), Limoges
Parisot.
Parisot (Mme).
Pauquet (Mlle Laure), Paris.
Pecquerie.
Pellerin.
Perdrieux.
Perdrieux (Mme).
Perinard (Ed.).
Perruy.
Perzinka.
Pétin (Mme Albertine).
Petit (Albert).
Petit (l'abbé), Marnes-la-Coquette.
Peytel (Mme), Paris.
Pichot.
Pierret (Mme).
Pihan, Marnes-la-Coquette.
Pillette, Paris.
Pillini (Mlle Marguerita), Paris.
Pinault.
Pinault (Mme).
Piry.
Pithon.
Placet.
Placet (Mme).

Plas, Viroflay.
Ploix (Adolphe).
Ploix (Mme Adolphe).
Poirson, préfet de Seine-et-Oise.
Poisson (Mlle Léonide).
Ponsard (le colonel).
Ponsard, Vincennes.
Ponsin (Mlle Camille).
Popelin (Mlle Madeleine), Paris.
Pounot.
Pressoir.
Préval (de).
Prodhomme (Ferdinand).
Pyne (lady).
Quentin.
Quéro (Albert).
Quéro (Mme).
Quillet (Ferdinand), Paris.
Quingnaud (Mme), Arcueil.
Rabourdin.
Ramin (Mme).
Ravault (René), Etampes.
Reibel (Mlle Marguerite), Paris.
Renaud (Emile).
Renaud (Mme Emile).
Renault (Victor).
Renault (Gaston).
Reniaud.
Reniaud (Mme).
Renoux (M. l'abbé), Vaugrineuse.
Reynoud.
Risler (Charles), Paris.
Rivière.
Rivoli (duchesse de), Paris.
Roby (Mme), Torrigny.
Roche.
Rochette.
Rochette (Mme E.).
Rochette (Mlle L.).
Romilly (Worms de), Paris.
Roslin (Charles).
Roubinet (Mme).

Roubinet (Hippolyte).
Roubinet (Albert).
Rouchonnat (Emile), aux Mureaux (S.-et-O.).
Rouchonnat (Mme Eug.), aux Mureaux (S.-et-O.).
Rousseau.
Rousseau (Eugène), Saint-Léger-en-Yvelines.
Rousseau (Mme Eugène), St-Léger-en-Yvelines.
Roy (Mlle), Cognac.
Royer (Mme Jeanne).
Rué.
Saint-Maur-ap-Iwys (Mlle Hilde), Plaisir.
Saint-Maur-ap-Iwys (Mlle Marie), Plaisir.
Salleron (Léon).
Salleron (Mme).
Sayvé (Abel).
Schreiber, Paris.
Schwartz (Mlle Esther).
Sérendat de Belzim, Paris.
Serré (Georges).
Serval (Maurice), Paris.
Sigaut (Jules), Paris.
Sigaut (Mme Jules), Paris.
Silvestre.
Simonnet (Lucien), Sèvres.
Sivry (de).
Société Versaillaise de photographie.
Sortais.
Sortais (Mme).
Taconet (Mlle).
Talagrand, Paris.
Taphanel.
Tardif.
Tauzin, Bellevue et Paris.
Tchoumakoff, Paris.
Terrade (Albert).
Terrade (Mme Albert).
Terrade (Mme).
Terrade (Charles).
Terrade (René).

Thibal.
Thiroux.
Thurwanger (Mme), Paris.
Timmermans, Paris.
Tissu.
Touchard fils, Paris.
Touchard (Mme), Paris.
Toulouse, G^d-Montrouge.
Tournade.
Tournus.
Tournus (Mme).
Triboulet.

Truffaut (Albert).
Turquet.
Vaast.
Valade (Mme).
Venot, (Mme).
Veron (l'abbé), à Saint-Lé-
 ger-en-Yvelines.
Wannez (Edouard .
Wuytiers (Mme Marie), La
 Haye (Hollande).
Yot (le D^r).
Zimmermann.

SOCIÉTÉ DES AMIS DES ARTS

DE SEINE-ET-OISE

La Société des Amis des Arts de Seine-et-Oise a pour but de favoriser le progrès des beaux-arts dans le département, et d'en propager le goût par des expositions publiques, par l'acquisition, à ces expositions, des ouvrages les plus remarqués ; par des manifestations et des publications artistiques, et par tous les moyens qui lui sembleront les plus propres à atteindre le but qu'elle se propose.

Les tableaux, sculptures, dessins, gravures et objets d'art, achetés par la Société aux expositions ci-dessous spécifiées, sont partagés par la voie du sort entre ses membres, en assemblée générale.

La Société se compose de membres titulaires, honoraires et correspondants.

Les titulaires s'engagent à payer une cotisation annuelle de *dix francs* ; le paiement de cette cotisation donne droit à la remise d'un titre portant un numéro qui participe au tirage au sort des lots acquis par la Société.

Chaque sociétaire peut prendre, en outre de ce premier titre, un ou plusieurs titres de même valeur, afin d'ajouter à ses chances pour le tirage au sort.

L'admission dans la Société ne peut avoir lieu que sur la présentation écrite de deux de ses membres. Cette présentation devra être faite un mois au moins avant l'assemblée générale réglementaire.

Les ressources de la Société se composent principalement du montant des cotisations annuelles, des recettes des expositions, des subventions allouées par l'État, le département et les communes.

Les fonds de la Société sont employés :

1° A organiser des expositions publiques ;

2° A acquérir les tableaux, gravures, sculptures et autres objets d'art qui auront été choisis dans ces expositions ;

3° A donner à titre de récompense, et quand il y a lieu, des médailles ou autres marques d'encouragement aux artistes ;

4° A récompenser également, par des médailles ou autres marques d'encouragement, les instituteurs du département reconnus pour avoir fait pratiquer avec le plus de succès l'étude du dessin dans leurs écoles ;

5° A alimenter la caisse de secours fondée par la Société pour venir en aide à des artistes malheureux, à leurs veuves ou à leurs jeunes enfants.

RÉCOMPENSES

DÉCERNÉES A L'EXPOSITION DE 1900.

Prix du Salon.

M. LARRUE.

1res Médailles d'argent.

Mlle SCHWARTZ.
MM. KOECHLIN.
MOUILLARD.

2es Médailles d'argent.

M. DORMOIS.
Mlle CASPERS.
M. NORFINI.

3es Médailles d'argent.

MM. MARRET.
MARRONIEZ.
ROUX.
RABEY.

Rappels de 3es Médailles d'argent.

Mlles CONTESENNE.
PEYTEL.

DESCRIPTION

DES

ŒUVRES EXPOSÉES

DU DIMANCHE 7 JUILLET AU 22 SEPTEMBRE 1901

DANS

L'ORANGERIE

DU PALAIS DE VERSAILLES

PEINTURE

Achenbach (Gabrielle), 235, rue du Faubourg-Saint-Honoré, Paris. [V. 2ᵉ méd.] (Sʳᵉ.)

1 — Le petit Moissonneur.
2 — Pavots en plein air.

Anthonissen (Louis-Jos.), 25, boulevard Pasteur, Paris.

4 — Dans le Sahara.
5 — Une fleur du désert.
6 — Mendiant de Posilippo (Naples).

Alexandre (Louis), 62, rue Rébeval, Paris.

7 — Frugalité : nature morte (étude).
8 — Vieux bouquins : nature morte (étude).
9 — La Poule au pot : nature morte (étude).

Allouara (Edmond), 3 *bis*, rue des Beaux-Arts,
Paris. [P M. II.]

10 — Panier de roses.

Aubert (Anatole), 152, rue des Partants, Paris.

11 — Nature morte (chez le Bouquiniste).

Baird (William), 3, rue d'Odessa [V. 2e méd.
et rappel.]

12 — En Bretagne (vaches).

Bap (Paul), 19, rue de Vergennes, Versailles.

13 — Etude de Dunes à Berck-sur-Mer. (Voir pastel.)

Barbé (Marguerite), villa des Moines, au Perray
(Seine-et-Oise).

14 — Portrait de M. E. S.

Barbichon (Auguste), 19, rue Saint-Pierre,
Versailles. [V. M. II.] (Sre.)

15 — Portrait de M. L. D.
16 — Portrait de Mme L. D. (Voir aquarelle.)

Barrier (Jacques), 9, rue du Val-de-Grâce, Paris.

17 — Pommes et raisins.
18 — Intérieur d'atelier.

Beaucerf (Blanche), 26, rue des Réservoirs, Versailles. [V. 2e Méd.] (S^re.)

19 — Géranium (bourriche).
20 — Roses et pensées.

Berbinau (Mlle Valentine), 8, cours du Jardin public, Bordeaux.

21 — Lilas.

Bergeron (Henri), 255, rue Lecourbe, Paris.

22 — Bords de l'Oise (matinée de septembre).
23 — Prairie d'Aunet (Seine-et-Marne).

Bergerot (Mme Louise), 39, rue Franklin, Passy-Paris. (S^re.)

24 — Bibliophiles.
25 — Aiguière et cornemuse.

Bernard (Marguerite), 17, rue de Lévis, Paris.

26 — Lilas (panneau décoratif).
27 — Roses.

Bernard (Mlle Marguerite), 11, rue de Maurepas, Versailles. (S^{re}.)

28 — Ravenelles. (Voir aquarelles.)

Bertier (Charles), Grenoble (Isère), 8, rue docteur Mazet [P. M. II.] — [2° Méd. Rappel.]

29 — La neige vue du Chazelet (Oisans). (Soleil couchant.)
30 — Charavines-les-Bains (Isère).
31 — Sept petites études dans les Alpes dauphinoises, dans un seul cadre.

Bidau (Eugène), 62, rue Rébeval, Paris. P. [Méd. 3e cl. E. U. 1889.]

32 — La Fête à Bébé.
33 — Pensez à moi.
34 — Un déjeuner maigre.

Boislecomte (Edmond de), 26, rue Poncelet, Paris.

35 — Le dernier coup de cognée. (Voir aquarelle.)

Boissy (Henriette), 7, rue du Bellay (île Saint-Louis), Paris.

36 — Nature morte. (Voir aquarelle.)

Bourges (Mlle Léonide), rue de l'Église, à Auvers-s.-Oise (Seine-et-Oise). [P. 3ᵉ Méd. — V. 2ᵉ Méd. d'argent.]

37 — Retour des champs.
38 — La petite Bouquetière.

Bourgeois (Urbain), 13, rue de l'Abbaye, Paris. [P. II. C. ✳.]

39 — Medjé.

Bourgogne (Georges), 27, rue Saint-Jean, à Douai (Nord). [P. M. H. — V. 1ʳᵉ Méd. d'argent.]

40 — Nature morte (Pêches).

Bourgogne (Pierre), 32 *ter*, rue de Brancas, à Sèvres (Seine-et-Oise). [P. II. C. — V. II. C.]

41 — Tambourin fleuri.
42 — Fruits d'hiver.

Boy (Michel), 31, rue Saint-Louis, Versailles. (S^{re}.)

43 — Les Grenades.

Boyer (Pierre), Lézardrieux (Côtes-du-Nord), et
chez M. Léon Fleury, architecte, 63, rue
Duplessis, Versailles.

44 — La poésie du soir.
45 — Marine. Temps gris.
46 — Marine. Le soir.

Bronner (Mme Nina), 7, rue Nollet, Paris.

47 — Le dessert.
48 — Portrait de jeune fille.
49 — Tête de vieille.

Brouilhony (Mme Julia), 14, rue de Chabrol,
Paris.

50 — Fillette de Pont-l'Abbé.

Brunet-Houard (Pierre-Auguste), 44, rue
des Provençaux, Fontainebleau. [P. M. H.]

51 — Rencontre d'un préhistorique et d'un ours.

Cadet (Mlle Marie), 41, rue du Pré-Saint-
Gervais, Paris.

52 — La mansarde (intérieur). (Voir pastel.)

Canet (Charles-Emile), 16, rue Berlin-Poirée,
Paris.

53 — Sardinier au mouillage, baie de Douarnenez (Finistère).

Canivet (Léon), 19, villa d'Alésia, 111 *ter*, rue
d'Alésia, Paris. [P. M. H.]

54 — La Seine et le Vieux-Paris en 1900.
55 — La place de Breteuil, à Paris. (Voir lithographie.)

Caspers (Mlle Pauline), 1, quai aux Fleurs,
Paris. [V. méd. 2e cl.] (S^ro.)

56 — Roses. (Voir gouache.)

Chanson (Eva), 1, boulevard Saint-Germain,
Paris.

57 — Violettes de Nice.

Charier-Wira (Mme Marie), 14, rue Maurepas,
Versailles. (S^rc.)

58 — Portrait de M. Charles G...
59 — Étude.

Cliquot (Antoinette), 3, rue Gambetta, à Nanterre (Seine). [V. 2e Méd. et Rappel.]

60 — La visitation de la Sainte Vierge. (Voir pastel.)

Coignet (Mlle Marie), 127 *bis*, rue du Ranelagh,
Paris.

61 — Coin de cuisine.

Collas (Mme Paula), 6, rue du Bellay, Paris.

62 — Nature morte (huîtres et vin blanc). (Voir pastel.)

Contesenne (Marie), 5, rue de Noailles, Versailles. [V. 3ᵉ Méd. et Rappel.] (Sʳᵉ.)

63 — Bourriche de pensées. (Voir porcelaine.)

Corot (Lucile), 17, rue Singer, Passy-Paris.

64 — Retour de bal.

Court (Annie), 47, boulevard de la Reine, Versailles.

65 — Lilas. (Voir aquarelle.)

Couty (Frédéric), 69, rue Lemercier, Paris. [V. Méd. vermeil.]

66 — Anémones.
67 — Giroflées.

Cuisant (Charles), 5, rue Neuve, Versailles.

68 — Bosquet de Colonnades. (Parc de Versailles.)
69 — Plaine des Crapauds. (Parc de Versailles.)

Dagnac-Rivière (Charles), 23, boulevard Pasteur, Paris. [P. M. H. — V. 3ᵉ med.]

70 — Nature morte.
71 — Un coin de l'Oued Bou-Saâda.
72 — Fontaine arabe.

Davidson (Lizzie), 41, boulevard Saint-Jacques,
Paris.

73 — Matin (Franche-Comté).
74 — Calme du soir.

Delabarre (Eugène), 32, avenue de Wagram,
Paris. [P. M. H. — V. 3e Méd.]

75 — Ferme normande.

Delahogue (Alexis-Auguste), 15, rue Grange-
Batelière, Paris.

76 — Le soir, Pont Gaillard à Blandy-les-Tours (Seine-
et-Marne). (Salon de 1900.)
77 — Les bords de la Loire à Montgesoye (Doubs.)

Delahogue (Eugène-Jules), 15, rue Grange-
Batelière, Paris. [V. 2e Méd.]

78 — Paysage. (Tournedos, les bords de la Seine)
(Eure). (Voir pastel.)

Delaistre (André), 170, faubourg Saint-Honoré,
Paris. [P. M. H. — Méd. bronze E. U. 1900.
— V. M. H.]

79 — Les Falaises de Villers-sur-Mer.
80 — Boulevard des Capucines à Paris. (Voir pastel.)

Demarquette (Mme Sara), 6, avenue de la Mairie, Rueil.

81 — Portrait d'Yves Demarquette.
82 — Portrait d'Edmée Demarquette.
83 — Portrait de Miss Rooke.

Demanche (Blanche), 93, rue La Fayette, Paris.

84 — Après la journée.
85 — Seule !

Denet (Charles), 2, rue Jouffroy, Paris, et à Evreux, 38, rue Saint-Léger. [P. M. II. V. 2e Méd.]

86 — L'Antiquaire.
87 — Sortie des bateaux de pêche le matin à Port-en-Bessin.

Desgenétais (Marie), 166, avenue Victor-Hugo [V. M. H.] (S^re.)

88 — La Convalescente.
89 — Portrait de Mlle Suzanne C. (Voir gravures.)

Devinat (François), 20, rue Franklin, à Saint-Germain-en-Laye.

90 — Baraquement au camp de Saint-Germain (étude).

Didier (Clovis), 16, rue Alexandre-Lange,
Versailles. [V. H. C.] (S^re.)

91 — Portrait de Mme X.
92 — A Trianon, le matin.
93 — La Halte.

Dubuisson (Paul), 19 *bis*, rue Sainte-Adélaïde,
Versailles. (S^re.)

94 — Chasse à courre (Rendez-vous).
95 — Rallye-paper.

Ducrot (Victor), rue Molière, 57, à Lyon.

96 — Intérieur de ferme.
97 — Paysage.

Dénes (d'Alheim), Senlisse, par Dampierre
(Seine-et-Oise). (S^re.)

98 — Enfants de chœur.
99 — Portrait du fils de M. le baron de Meneval.

Dumini (Eugène), 1, rue de l'Orangerie, à
Meudon (Seine-et-Oise). (S^re.)

100 — Rêverie. (Voir aquarelle.)

Dupont-Binard (Geneviève), 17, rue de l'Arc-
de-Triomphe, Paris ; 45, boul. de la Reine,
Versailles. [V. 1re Méd.] (S^re.)

101 — Portrait d'enfant.

Durruthy-Layrle (Mme Zélie), 73 *bis*, avenue
Wagram, Paris. [P. M. H. — V. prix du
Salon.]

102 — Doux sommeil.
103 — Étude.

Espinet (Mme Caroline), 27, rue Amiral Courbet,
Lorient (Morbihan).

104 — Marine, l'étoile du berger.

Ertz (Édouard), chez Stal, 25, rue de Trévise,
Paris.

105 — Petit roturier.
106 — Hiver dans la cour.

Eysséric (Joseph), 90, rue d'Assas. Paris.

107 — Croiseur en Méditerranée, par un coup de mistral.
(Salon de 1900.) (Voir pastel.)

Féliu (Marcel), 7, avenue Potin, Sèvres, P. (S^{re}.)

108 — Remords.

Fiel-Burg (Mme Marie), 60, avenue de Paris,
Versailles. (S^{re}.)

109 — Une bourriche de pensées.

Follet (René), 11 *bis*, rue Say, Paris. (S^re.)

110 — Forêt de Montmorency (Seine-et-Oise).
111 — Isle-Adam, le barrage (Seine-et-Oise).
112 — Attainville (Seine-et-Oise).

Frade (Louis), rue Moxouris, au Chesnay (Seine-et-Oise).

113 — Études (Paysages).

Froment (Louis), 22, rue Dareau. Paris.

114 — Grenadier en faction (1er Emp.).

Gambon (Jane), 5 *bis*, rue Ste-Sophie, Versailles. [V. M. H.] (S^re.)

116 — Groseilles.
117 — Étude de plein air. (Voir miniature.)

Gardier (Raoul du), 12, boulevard Montparnasse. [P. M. H.]

118 — Enfant sur une plage.
119 — Sapho.

Georges-Bertrand (Jules), 48, avenue Villeneuve-l'Étang, Versailles. [P. H. C. — V.
H. C. ; (S^ro.)

120 — Portrait de Mlle Chasles dans le rôle de la
Guimard.
121 — Portrait de M. E. B.
122 — Portrait du docteur C. Miot.

Georges-Sauvage (Albert), 56, rue Cardinet.
[P. Méd. 3e cl.]

123 — Au lavoir communal de Nesles-la-Vallée.
124 — Le nettoyage.

Gibert (Louise), 55, avenue Victor-Hugo,
Paris. [V. M. H.]

125 — Nature morte (Pêches).
126 — Anémones.

Gonzal (Arthur), 110, boulevard Sébastopol à
Paris.

127 — Marine (Marée basse à Villers-sur-Mer).
128 — Fleurs (Tulipes Perroquet).

Gounin (Henri), 70 *bis*, rue Notre-Dame-des-
Champs, Paris. [P. M. H. Salon 1896. M.
H. E. U. 1900. — V. 1re Méd. et Rappel.]

129 — Le long du Ru à Vagnet. à Maret (Seine-et-
Marne).

Grasset (Frédéric), 21, rue Berthe, à Paris.
   [P. M. H.]

130 — Vitrine de la galerie d'Apollon au Louvre.
131 — Salle du XVIII° siècle au Louvre.

Gringoire (Pierrette), 18, rue Hamelin, Paris.
   [V. M. H.]

132 — Marchand de dattes de Tunis.
133 — Intérieur de l'église de Saint-Nectaire.
134 — Chaîne de la Sierra Nevada (vue de la mer).

Groszer (Apolline), 15, rue Alexandre-Lange
   Versailles. [V. 2° Méd.] (S^re.)

136 — Rochers (Fouras, Charente-Inférieure).

Guérin (Gabriel), 21, rue des Abbesses, Paris,

137 — Déclins.
138 — Forêt d'Alsace.

Guinier (Henri), 6, avenue Frochot. [P. H. C.]

139 — Tête de femme hollandaise.

Hain (Mlle Marguerite), 55, rue Bouquet, Rouen.
   [V. 3e méd.]

140 — Melon, pêches, raisins et prunes.

Hepp (Pierre), 17, rue des Réservoirs, Versailles.

141 — Paris : la Conciergerie. (Voir sanguine.)

Hista (Louis), 18, rue de Chabrol, Paris [P. M. H.]

142 — Parc de Versailles : bassin de Bacchus (fin octobre).

143 — Parc de Versailles : char d'Apollon et Canal (fin septembre). (Voir aquarelles.)

Houlet (Maria), 45, rue Ribéra, Paris.

143 *bis*. — Fleurs : Chrysanthèmes.

Huber (Léon), 15, rue Cauchois, Paris. [V. Dip. d'Hon.] (S^{re}.)

144 — Raisin blanc et noir.
145 — Sur la Boule : jeunes chats.
146 — Le supplice de Tantale : jeunes chats.

Hueber (Félix), 30, boulevard du Roi, Versailles.

147 — Environs de Beaulieu (Alpes-Maritimes).

Jacquot (Jean-Baptiste), Chemin du Port, Valmondois (Seine-et-Oise). (S^{re}.)

148 — Champs de trèfle.

Jacque (Émile), 73, boulevard de Clichy, Paris.
  [P. M. H.]

149 — Cerf et biches (Clair de lune).
150 — Un coin de cour de ferme.

Jamin (Mlle Marguerite), 3, Quai Saint-Michel,
  Paris.

151 — Dans le rêve (Salon de 1900).
152 — Sous la Treille (en Provence).
153 — Portrait de M. Charles Sellier, archéologue.

Jullien (Alfred), 24, rue de Lyon, Paris.
  [V. M. H.]

154 — Le soir au bord des marais.
155 — Soleil couchant en Sologne.

Jungfleisch (Marguerite), 74, rue du Cherche-
  Midi, Paris. (S^{re}.)

156 — Cerises (nature morte).

Kœchlin-Weiss (Mme Bertha), 8 *bis*, Chaussée
  de la Muette, Paris. (S^{re}.)

157 — Nature morte. Fleurs et roses (étude).

Kuwasseg (Charles), 32, rue des Dames, Paris.
  [P. Méd. de 3° cl. — V. H. C.]

158 — Vue du vieux port de Monte-Carlo (Principauté
  de Monaco).
159 — Vue de Pegli près de Gênes (Italie).

Labric (Mlle Jeanne), 91, Grand'rue, à Boulogne (Seine). (S^re.)

160 — La mère Adèle à Barbizon.

161 — La Mare Apis (Forêt de Fontainebleau).

Lacazette (Marie), 165, boulevard Haussmann, Paris.

162 — Fleurs.

163 — Fruits.

Lacombe (Georges), l'Ermitage-Alençon (Orne) et 42, avenue de Villeneuve-l'Étang, Versailles.

164 — Portrait de Mlle M.

165 — Paysage d'automne.

Lahr (Mme Augustine), 3, rue de Bellevue, à Boulogne (Seine). (S^re.)

Laire (E.), 36, rue de l'Orangerie, Versailles. [V. 1re Méd.] (S^re.)

165 *bis* — Roses.

165 *ter* — Portrait de jeune homme.

165^4 — Portrait de jeune fille.

Lamorre-Castex (Mme Louise), 16, rue Bertrand, Rennes. [V. 2e Méd.] (S^re.)

166 — Portrait de Mlle M. H.

167 — Panneaux chrysanthèmes (paravent).

Landeau (Rémy), 41, avenue de Saxe, Paris. [V. 2e Méd.]

168 — Tulipes.

169 — Orchidées.

170 — Le chemin des masures.

Langlois (Henry), 96, rue Blanche, Paris.
[P. M. H.]

171 — Un potier à son tour.

Larrue (Guillaume), 11, rue Jacques-Boyceau,
à Versailles. [P. M. H. ; Méd. de bronze
E. U. 1900. — V. H. C. ; Prix du Salon.]
(S^{re}.)

172 — Le prélude.
173 — Bon appétit, messieurs !
174 — Le chaperon.

Lauvernay (Mlle Jeanne), 148, rue de Rennes,
Paris. [V. M. H.]

175 — Rêveuse.

La Villette (Mme Elodie), Benarou-en-Saint-
Pierre-Quiberon (Morbihan). [P. H. C. —
V. H. C.]

176 — Marée montante au Port-Blanc, Quiberon (Morbihan).
177 — Quai du Port-Ivy, effet de neige, Quiberon (Morbihan).

Lebrun (Marcel), 58, rue Volta, Paris. [V.
3e Méd.]

178 — Le quai de Gesvres (Crépuscule).

Lefebvre-Glaize (Maguelonne), 1, avenue de
l'Observatoire, Paris. (Sᵣ•.)

179 — Portrait de Mᵐᵉ R.
180 — Bouquet d'orchidées.

Le Poittevin (Louis), 2, rue Aumont-Thiéville, Paris. [P. H. C. — V. Dip. d'Hon.]

181 — L'Étang de Tadden, près Dinan (Côtes-du-Nord).
182 — Berger et son troupeau sur les hauteurs de la
Roche-Guyon (Seine-et-Oise).

Leroux (René), 105 *bis*, boulevard de la Reine,
Versailles. [V. M. H.] (Sʳᵉ.)

183 — Maisons à Fontenay-le-Fleury (Seine-et-Oise.)
184 — Route du Petit-Fontaine à Arromanche.
185 — Etude à Villiers-le-Bâcle.

Leroy (Jules), 7, rue de Plaisance, Asnières.

186 — Mère chatte et son petit.
187 — Rangement d'une commode.

Leroy-Dionet (Edmond), 5, rue du Général-
Lasalle, Paris.

188 — Effet de lune.
189 — Les bords de l'Yerres.
190 — Portrait d'enfant.

Leteurtre (Émile), 24, rue Dauphine, Paris. [2ᵉ Méd. d'argent.]

191 — Dunkerque, l'avant-port, effet de lune. (Voir aquarelles.)

Leyendecker (Paul), 6, rue Mansart, Versailles. [V. 3ᵉ Méd. et Rappel.] (Sʳᵉ.)

192 — Le soir.
193 — Le matin.

Loiseau (Mᵐᵉ Marie-Madeleine), 5, rue Morère, Paris. [V. 1ʳᵉ Méd.] (Sʳᵉ.)

194 — Étude (Forêt de Crécy).

Louis-des-Champs (Louis), 47, rue Laugier, Paris. [P. II. C. ✳.]

195 — Bébé.
196 — Fille au Coq.

Louppe (Mˡˡᵉ Léonie), 16 *ter*, rue des Jardins-Renard, à Sannois (Seine-et-Oise). (Sʳᵉ.)

197 — Panier de Lilas.
198 — Pêches et Dahlias.

Magne (Alfred), 162, boulevard Montparnasse, à Paris. [P. 3ᵉ Méd. — V. 2ᵉ Méd.]

199 — « Ma dernière chasse. »
200 — Cerises et biscuits.

Maillaud (Fernand), 3, rue de l'Estrapade, Paris. [P. M. H.]

201 — Palais Contarini, grand canal, nuit de septembre, à Venise. (Voir dessin.)

Malfilâtre (Lucy), 22, rue de Staël, Paris. [V. 3e Méd.]

202 — Le soir.
203 — Petits arbres. (Voir aquarelle.)

Guignery (Gustave), 16, rue de la Grande Chaumière, Paris. [P. M. H. — V. 1re Méd.]

204 — Bords de l'Armançon (Côte-d'Or).
205 — Environs du Mans.

Mangeant (Émile), 104, avenue de Paris, Versailles. [P. M. H. — V. 1re Méd. argent.] (Sre.)

206 — L'Espérance (cadre bronze de l'auteur).
207 — Étude. (Voir aquarelles.)

Marret (Henri), 39, rue de Douai [P. M. H. — V. 3e Méd.]

208 — Course de taureau.
209 — La pointe du Vau (Finistère). (Voir aquarelle.)

Martin (Victor), aux Sablons, près Moret Seine-et-Marne). (S^re.)

210 — Une rue à Moret.

Mascart (Gustave), 119, rue Lamarck, Montmartre. [V. 1re Méd.] (S^re.)

211 — Le Port de Chatou.
212 — La Seine au Châtelet.
213 — Le Pont Saint-Nicolas.

Mazard (Alphonse-Henri), 117, rue N.-D. des Champs, Paris. [V. 2e Méd.]

214 — La Neige à Trianon.
215 — Lever de lune au crépuscule.

Meyer (Charles-Louis), 6, rue du Vieux-Versailles, Versailles.

216 — Colonnade du Parc de Versailles.

Moinot (Paul), 56, rue des Chantiers, Versailles. (S^re.)

217 — La justice de Dieu.
218 — Le maréchal militaire en campagne.

Morinière (Stanislas), 54, rue Saint-Louis-en-l'Ile, Paris.

219 — Un coin de bocage (étude). (Voir peinture.)

Mouillard (Lucien), 71, rue de l'Assomption, Paris. [V. 1re Méd.] (S^{re}.)

220 — Pendant la chasse du roi.

Murique (J.), 64, rue de Montreuil, à Versailles.

221 — La pointe au Renard, au Conquet.
222 — Soleil couchant, au N. D.

Nallet-Poussin (Mme Emma), 8, rue Bellefond, Paris. [V. Prix du Salon.]

223 — Paysage.
224 — Mendiante.

Noël (Georges), 62, rue de l'Est, Paris.

225 — Fin de journée : Les Brosses, à Ville-d'Avray.
226 — La Lanterne (Saint-Cloud). (Voir crayon.)

Nozal (Alexandre), 7, quai de Passy, Paris. [P. H. C. ✳ — V. Dip. d'Hon.]

227 — Rivière dans le parc de Villeneuve-l'Étang (Seine-et-Oise). (Voir pastel.)

Offner (Mlle Marguerite), 2, rue Casimir-Perier, Grenoble.

228 — Roses. (Salon de Paris.)
229 — Panier d'oignons.

Ortiou (Paul), 23, rue de la Chaussée-d'Antin, Paris. (S^{re}.)

230 — Etude de Vénitienne au XVIe siècle.
231 — Etude d'Espagnole.

Pallandre (Lucien), 54, rue de la Paroisse, Versailles. [V. 2e Méd. et Rappel.] (S^{re}.)

232 — Plat décoratif. (Voir aquarelles.)

Pallandre (Albert), 40, rue Saint-Louis, Versailles. [V. 2e Méd.] (S^{re}.)

233 — Les grenades.
234 — Lilas blanc et vase d'or.
235 — Lilas blanc sur étoffe bleue.

Paymal-Amouroux (Blanche), 6, rue Nouvelle, Paris. [P. M. H. — V. M. H.]

236 — En cachette.

Pécrus (Charles), 42, rue Fontaine-Saint-Georges, Paris.

237 — Port de Deauville.

Pellissier (Berthe-Clémence), 14, Grande Rue, Besançon (Doubs.)

238 — Fleurs.

Person (Henri), 2, avenue Desaix, Maisons-
Laffitte.

239 — Le vieux port de Saint-Tropez (matin).

Peytel (Mme Adrienne), 33, rue des Dames,
Paris. [V. 3e Méd. et Rappel.] (S^re.)

240 — Plage de Bec-ar-Fri près Saint-Jean-du-Doigt
(Finistère.)
241 — Chrysanthèmes.
242 — Nature morte.

Pillini (Marguerita), 60, rue de Clichy, Paris.
[V. M. H.] (S^re.)

243 — Les Bretonnes le dimanche.

Poisson (Mlle Léonide), 35, boulevard de la
Reine, Versailles. (S^re.)

244 — Bouquet de fleurs.
245 — Fruits (groseilles et abricots).
246 — Déjeuner de carème (saumon truffé).

Prevot (Mlle Maria), 4, rue Robert-Estienne,
Paris. [P. M. H. — V. 2e Méd.]

247 — Portrait de Mlle d'O.

Prevot-Valeri (Auguste), 6, rue Aumont-Thiéville, Paris. [P. II. C. — V. M. II.]

248 — Chaumière (le soir).
249 — Vallée de la Loire.

Provisy (Alexandre-Jean de), ✸, rue de la Tour-d'Auvergne, à La Flèche (Sarthe). [P. M. H.]

250 — Jardins de Langeais en avril.
251 — Marée basse à Croix-de-Vie.
252 — Marée haute à Croix-de-Vie.

Quentin (François), 36, rue de l'Orangerie, Versailles. [V. M. H.]

253 — Pommes (nature morte).
254 — Oignons   (id.)
255 — Paysage (Normandie).

Quniet (Charles), 64, rue Vieille-du-Temple, Paris. [V. M. H.]

256 — Matinée d'été à Villeneuve-l'Étang.
257 — Automne.

Raissiguier (Émile), 49, avenue de Ségur, Paris. [P. M. II.]

258 — Moulin du Roquet à Saint-Berthevin (Mayenne).
259 — Le matin à l'étang de Trivaux, forêt de Meudon (Seine-et-Oise).

Ralli-Scaramanga (Théodore), villa Delphine, 25, rue Villa-Paradis, Marseille.

260 — Paysage martigue.
261 — Rue Martigue.
262 — Effet soir.

Ramsay-Lamont (Mlle L.), Lamotte, Croix-au-Bailly, Somme. [V. 3e Méd. et Rappel.]

263 — Jardin en automne.
264 — Au revoir.

Rebut (André), 57, rue de Dunkerque, Paris.
265 — Vers le soir (sous bois.)

266 — Effet de neige à Montmorency (Seine-et-Oise).

Regert (Frank), 46, rue de Conflans, Charenton (Seine).

267 — Sarcelles.
268 — Effet de neige.

Reibel (Marguerite), 19, avenue d'Orléans, Paris. [V. M. II.] (S^{re}.)

269 — Cuivres et fleurs.
270 — Nature morte.
271 — Nature morte (offert à la Tombola).

Renault (Gaston), 30, rue Richaud, Versailles.
[P. M. H. — V. H. C.] (S^re.)

272 — Savetier.

Renault des Graviers (Victor), 30. rue Richaud, Versailles. [V. Dip. d'Hon.]

273 — Un lavoir dans le vieux Nice.
274 — Intérieur arabe à Biskra.
275 — Ferme près Gournay-en-Bray.

Rey-Berling (Mme Estelle), 21, quai aux Fleurs, Paris. [V. M. H.]

276 — A l'église.
277 — Les fourches, près Cherbourg.

Rigaud (Pierre-Gaston), 21, avenue du Maine, Paris.

278 — Vitrail dans l'église Saint-Étienne-du-Mont (Paris).
279 — Les quais de Bordeaux (matin).

Roberty (André), 52, rue Notre-Dame-de-Nazareth. Paris.

280 — Étude.
281 — Étude.

Robert (Aline), 4, petite rue des Binelles, Sèvres.

282 — Fleurs.

Rochette (Mme Eugénie), 1 et 3, rue Saint-Pierre, Versailles. (S^{re}.)

283 — Un coin de lavoir en Bretagne.

Rodigue (Mme Marie), 4 *bis*, rue d'Estrées, Paris.

284 — Brunette (tête, étude).
285 — Fleurs (roses rouges).

Ronssin (Marguerite), 111, rue Saint-Antoine, Paris. [V. M. H.].

286 — A l'examen.
287 — Nature morte. (Voir pastel.)

Roslin (Charles), 14, rue Carnot, Versailles. [V. M. H.] (S^{re}.)

288 — Barque échouée, marée basse, soleil couchant.
289 — Vaches dans un pré.

Rosset-Granger (Édouard), 78, rue Dulong, Paris. [P. H. C. ✳.]

290 — Le Paresseux.

Routchine (Sonia), 8, rue de la Grande Chaumière, Paris.

291 — Portrait de Mlle Germaine Chesnel.

Roy (Marie), rue Neuve-Saint-Martin, Cognac (Charente). (S^re^.)

292 — Chrysanthèmes en pots.
293 — Chrysanthèmes coupés.
294 — Tulipes dans jardinière vieille faïence, marguerites et œillets.

Sadler (Fernande), à Grez-sur-Loing (Seine-et-Marne).

295 — « A la forge ! »

Saint-Maur-Morse-ap-Iwys (Hilda), Plaisir (Seine-et-Oise). (S^re^.)

296 — Les chiens de M. X...

Saint-Maur-Morse-ap-Iwys (Marie), Plaisir (Seine-et-Oise). (S^re^.)

297 — Cheval et voiture (Portrait). (Voir aquarelle.)

Schreiber (Georges), 8, rue Saint-Martin, Paris. (S^re^.)

298 — Solitude.

Sérendat de Belzim (Louis), 31, avenue de Villiers, Paris. [V. 2ᵉ Méd. d'arg.] (Sᵗᵉ.)

299 — Souvenir.

Sieburgh (Eulalie), 13b Korte Voorhut, La Haye (Pays-Bas).

300 — Portrait d'homme.

Simon (Paul), 60, rue Saint-Antoine, Paris.

301 — Bassin de Penhouët à Saint-Nazaire.

Simonnet (Lucien), 3, rue des Rouillis, à Sèvres (Seine-et-Oise). [P. H. C. — V. Dipl. d'h.] (Sᵗᵉ.)

302 — Soleil couchant.
303 — La saison des foins.

Simonnet (Jeanne), 3, rue des Rouillis, Sèvres (Seine-et-Oise).

304 — L'avant-port (Trouville).
305 — Les phares (Trouville).

Smith (Alfred), 47, rue Laugier. [P. H. C. ✳. — V. Méd. d'or.]

306 — Beaulieu vu de Saint-Jean-sur-Mer.
307 — Villa Hélène-Saint-Jean.

Taconet (Mlle Jeanne), 4, rue de Mouchy, Versailles. [V. Méd. verm. et Rappel.] (S^re.)

308 — Roses.
309 — Une ferme en Saintonge.

Tauzin (Louis), 4, sente des Pierres Blanches, Bellevue (S.-et-O.). [P. M. H. — V. 1re Méd.] (S^re.)

310 — Derniers rayons d'automne.
311 — Un sentier à Pontaillac.

Thévenin (Henri-Félix), La Puisonnière, par Montfort-l'Amaury (Seine-et-Oise).

312 — Un coup de vent.
313 — Pointers.
314 — Fin de journée.

Timmermans (Louis), 54, rue de Bourgogne, Paris. [V. Diplôme d'hon.] (S^re.)

315 — Ouistreham, canal de Caen à la mer (Soir) (Calvados).
316 — Sur l'Escaut, avant l'orage (Hollande).
317 — Bassin à Dieppe (temps gris).

Tournade (Paul), 14, rue de Vergennes, à Versailles. (S^re.)

318 — Vallée de la Seveines (Isère).

Umbricht (Honoré), 30, rue Lemercier, Paris. [P. H. C.]

319 — A l'affût.

Verdevoye (Eugène), 88, rue Championnet, Paris. [V. M. H.]

320 — Une rue de Montmorency.
321 — Forêt de Montmorency.

Vergez (Eugène), 78, cours d'Aquitaine, Bordeaux. [V. M. H.]

322 — Le Vallon, environs de Concarneau (Finistère).

Viguié (Léopold), 10, rue de Montalivet, Paris.
322 *bis* — Étude de paysage.

DESSINS, PASTELS, AQUARELLES, MINIATURES, ÉMAUX, FAIENCES ET PORCELAINES, ARCHITECTURES.

Adam-Manceau (Clémence), 137, boulevard Magenta, Paris.

323 — Pensées. (Aquarelle.)
324 — Pivoines et Boules de Neige. (Aquarelle.)

Allorge (Paul), à Montlhéry (S.-et-O.). [P. 3ᵉ Méd. — V. M. II.]

325 — Restauration de l'Opéra-Comique avec façade boulevard. (Projet d'architecture.)
326 — Moderne Hôtel. (Projet d'architecture.)

Aries-Nel, 9, boulevard du Roi, à Versailles.

327 — Une cour du vieux Marseille. (Aquarelle.)
328 — Le fort de St-Jean à Marseille. (Aquarelle.)
329 — Le miroir, parc de Versailles. (Aquarelle.)

Assche (Van Marie), 15, rue Nicolo, à Paris-Passy (Srᶜ.)

330 — Fruits. (Pastel.)
331 — Fleurs. (Aquarelle.)

Assignies (Albert d') Brans par Montmirey
(Jura).

332 — Le Soir en Franche-Comté. (Aquarelle.)
333 — Lever de Lune dans le Jura. (Aquarelle.)

Aroza (Marguerite), 1, rue Juliette-Lamber,
Paris.

334 — Brune d'été. (Pastel.)

Augé (Mathilde), 5 *bis*, avenue de Paris, Versailles. (S^{re}.)

335 — L'amour dans les Ruines, d'après Burne-Jones.
(Émail sur cuivre.)
336 — L'épouse de la Mort (d'après Léonardo Bistolfi).
(Émail sur cuivre.)
337 — Béguine (œuvre originale). (Émail sur cuivre.)

Baralle (Marie), 57, boulevard de Châtillon, au
Grand-Montrouge. [V. M. H.] (S^{re}.)

338 — Portrait de Mme Molé-Raymond. (Porcelaine.)
339 — Loin du pays. — Diane au bain (d'après Boucher). — Portrait de Mme Récamier (d'après
David). (Miniatures.)

Barbichon (Auguste), 19. rue Saint-Pierre, à
Versailles. [V. M. H.] (S^{re}.)

340 — A l'orgue. (Aquarelle.) (Voir peinture.)

Barbier-Duval (Marie), 24, boulevard de la
République, à Versailles. [M. de B. E. U.,
1889.]

341 — Croquis de famille. (Dessin.)
342 — Xavière à quatre mois. (Dessin.)

Bap (Paul), 19, rue de Vergennes, à Versailles.

343 — Portrait de Mlle F. A. (Pastel.) (Voir peinture.)

Barry (Magdeleine), 5, place des Ternes, à
Paris.

344 — Roses. (Aquarelles.)

Bernard (Mathilde), 5, place des Ternes, à
Paris.

345 — Pivoines et boules de neige. (Pastel.)

Bernard (Marguerite), 11, rue Maurepas, Versailles. (S^{re}.)

346 — Le petit Trianon (Pavillon musique). (Aquarelle.)
347 — Le petit Trianon (Temple de l'amour). (Aquarelle.) (Voir peintures.)

Bernard (Marie), 6, boulevard Central, Le
Chesnay (Seine-et-Oise).

348 — Soleils et asters. (Aquarelle).
349 — Raisins et pommes. (Aquarelle.)
350 — Éventail (anémones. fond paysage). (Aquarelle.)

Besnard (Lucie), 1, avenue Villeneuve-l'Étang, Versailles [V. M. H.]

351 — Les bords de la Seine à l'île fleurie (Nanterre). (Aquarelle.)

352 — La pique à Luchon (Haute-Garonne). (Aquarelle.)

Boissy (Henriette), 7, rue du Bellay, Paris.

353 — Fatma (dessin). (Voir peinture.)

Boislecomte (Edmond de).

354 — Le ravin de Marbella (Biarritz). (Aquarelle.) Voir peinture.)

Bordier (Jeanne), 21, rue du Vieux-Colombier, Paris.

355 — Portrait d'un vieillard (d'après Téniers). (Gravure à l'eau-forte.)

355 *bis* — Portrait d'une petite fille, d'après Philippe de Champaigne, au Louvre (Émail).

Boucher (Jeanne), 1, rue Godot-de-Mauroi, Paris. [P. M. H.]

356 — Portrait de René W. (Pastel.)

Brisgand (Gustave), 69, rue de Douai, à Paris. [V. 3e Méd.] (Sre.)

357 — Moulin à Pont-Aven (Bretagne). (Aquarelle.)

358 — L'Appel au passeur. (Aquarelle.)

Brunet (Louis), 21, boulevard de la République, Versailles.

359 — Croquis de voyage à Rully (Orne). (Dessins à la plume.)

Bucquet (Antoinette), 12, rue Paul Baudry, Paris.

360 — Études de roses (Aquarelle.)
361 — Deux têtes. (Étude sanguine.)

Cabarrus (Jénika), 73, avenue de Villiers à Paris. [V. 2ᵉ Méd.] (Sʳᵉ.)

362 — Vues du Château-Thierry et de Contrexéville. (Aquarelle.)
363 — Bord de rivière (Contrexéville). (Aquarelle.)

Cablet-Rinn (Ernestine), 22, rue des Fossés-Saint-Jacques, Paris.

364 — Pensées et myosotis. (Aquarelle.)
365 — Fleurs des bords de l'Indre. (Aquarelle.)

Cadet (Marie), 41, rue du Pré-Saint-Gervais, Paris.

366 — Papavers. (Pastel.) (Voir peinture.)

Canivet (Léon), 19, villa d'Alésia, (111 *ter*, rue d'Alésia, Paris. [P. M. H.]

367 — Le retour en Égypte (d'après L.-O. Merson). (Lithographie.) (Voir peinture.)

Caspers (Pauline), 1, quai aux Fleurs, Paris. [V. 2ᵉ Méd.] (Sʳᵉ.)

368 — Brioches et raisins. (Gouache.)
369 — Fruits. (Pastel.) (Voir peinture.)

Casse (René), 3, villa Brune, 72, rue des Plantes, Paris.

370 — Portrait de M. Hyspa. (Pastel.)
371 — Danseuse. (Pastel.)
372 — Modiste. (Pastel.)

Castelin (Geneviève), 73, boulevard Beaumarchais, Paris.

373 — Œillets. (Aquarelle.)
374 — Narcisses. (Aquarelle.)

Chaux (Berthe), 23, avenue Trudaine, Paris.

375 — Étude. — Portrait de jeune fille. (Miniatures.)

Chauchefoin (Marie-Louise), 62, rue de Touraine, à Paris. [V. 1ʳᵉ Méd. et Rappel.]

376 — Portrait de ma mère. — Portrait de la petite Darice. (Miniatures.)

Chavagnat (Antoinette), 11, rue Chanzy, à Nanterre (Seine). [**V.** **Méd.** vermeil et Rappel.]

377 — Les cerises. (Aquarelle.)
378 — Raisins. (Aquarelle.)
379 — Glycines. (Aquarelle.)

Claude (Marcelle), 3, place Rivoli, Paris.

380 — Fleurs de printemps. (Aquarelle.)

Cliquot (Antoinette), 3, rue Gambetta, à Nanterre (Seine). [**V.** 2° Méd. et Rappel.]

381 — Portrait d'enfant. (Pastel.) (Voir peinture.)

Collas (Mme Paula), 6, rue du Bellay, Paris.

382 — Nature morte (Brioches). (Pastel.) (Voir peinture.)

Collineau (Marie), 44, rue Perronet, à Neuilly-sur-Seine. [V. M. H.]

383 — Le père Vincent. (Pastel.)
384 — Artiste. (Pastel.)
385 — Fleur du nord. (Pastel et aquarelle.)
386 — Esquisse de blonde. (Pastel et aquarelle.)

Contesenne (Marie), 5, rue de Noailles, à Versailles. [V. 3° M. et Rappel.] (S^{re}.)

387 — Les marguerites. (Porcelaine.) (Voir peinture.)

Court (Annie), 47, boulevard de la Reine, à Versailles.

388 — Paysage. (Aquarelle.)

Debière (Madeleine), 10, rue de Meslay, à Paris.

389 — Bourriche de Géraniums. (Aquarelle.)

Dehorter (Mme Louise), 7, avenue de Villars, à Paris.

390 — Chrysanthèmes. (Aquarelle.)
394 — Bleuets. (Aquarelle.)

Delahogue (Eugène), 15, rue Grange-Batelière, Paris. [V. 2° Méd.]

392 — La vallée à Blandy-les-Tours (Seine-et-Marne). (Voir peinture.)

Delaistre (André), 170, faubourg Saint-Honoré, Paris. [P. M. H. — V. M. H.]

393 — Le soir à Moret-sur-Loing. (Pastel.) (Voir peinture.)

Delaunay (Lucien), 5, rue de la Paroisse, à Versailles.

394 — Six vues, études faites à Naples et à Monaco. (Aquarelles.)

395 — Le bassin d'Arcachon au loin des vieux chênes en hiver. (Aquarelle.)

396 — Cérès (Versailles). (Aquarelle camaïeu.)

Delbecque (Mlle Léo), 24, rue Duret, à Paris.

397 — Roses, éventail. (Aquarelle.)

398 — Corbeille de roses. (Aquarelle.)

Delonchant (Mlle Amélie), 1, rue de Mirbel, à Paris.

399 — Étude d'œillets. (Aquarelle.)

400 — Étude, violettes. (Aquarelle.)

401 — La vieille église d'Écuillé (Maine-et-Loire). (Aquarelle.)

Déplanté (Mme), 41, rue de Neuilly, à Clichy (Seine). (S^re.)

402 — Portrait de M. B. de B. (Pastel.)

403 — Soleil de minuit. Portraits de MM. D. P. et R. (Porcelaine.)

Desauty (Henriette), 60, boulevard de Clichy, Paris. [V. 1re Méd. et R.]

404 — Prélude. (Pastel.)

Desgénétais (Marie), 166, avenue Victor-Hugo, à Paris. [V. M. H.] (S^re.)

405 — Portrait de vieille dame. (Gravure à la pointe sèche.)
406 — Portrait de Mme Jeanne R. (Gravure à la pointe sèche.) (Voir peinture.)

Dethan-Roullet (Mme), 14, rue de la Paix, à Paris.

407 — Anémones. (Aquarelle.)
408 — Bleuets. (Aquarelle.)

Devina (Jeanne), 50, rue Saint-Didier, à Paris. [V. M. H.]

409 — Deux portraits. (Miniatures.)
410 — Une miniature ronde (fantaisie).

Diard (Madeleine), 42, rue Nationale, Rambouillet. (S^re.)

411 — Magnolias. (Aquarelle.)
412 — Le faux pas (d'après Watteau). (Aquarelle.)

Distribué (Marthe), 39, rue de Trévise, à Paris.

413 — Couverture de livre ou sous-main (d'après E. Couty). (Cuir repoussé.)

Douy (Jules), 5, rue Oberkampf, Paris.

414 — Pivoines. (Aquarelle.)
415 — Boule de neige et giroflées. (Aquarelle.)

Drinot (Sophie-Aline), 55, rue Rennequin, à Paris.

446 — Portrait de **S. A. R.** Monseigneur le Duc d'Aumale. (Miniature.)
447 — Portrait d'enfant. (Miniature.)

Dumini (Eugène), 1, rue d'Orangerie, à Meudon (Seine-et-Oise). (Sᵗᵉ.)

418 — Éventail à la gouache sur fond or. (Aquarelle.) (Voir peinture.)

Eulriet (Albert), 5, avenue de la République, Courbevoie (Seine).

449 — Portrait de Mˡˡᵉ J. L. (Aquarelle et dessin à la plume.)

Eysseric (Joseph), 70, rue d'Assas, Paris.

420 — La route par le pic du Midi. (Aquarelle.)
421 — Environs de Toulon (Pastel). (Voir peinture.)

Forges (Joseph), 30, avenue du Maine, Paris. (V. H. C.)

422 — Vue générale du port d'Auray. (Aquarelle.)
423 — Vieille route de Vannes (Auray). (Aquarelle.)

Fournereau-Yon (Mme Adrienne), villa des
Arts, 15, rue Hégésippe-Moreau, Paris.

424 — Les Tourbières de Longpré (Somme). (Aquarelle.)

Franck de Valque (Gemma), 53, rue Lau-
riston, Paris.

425 — Portrait de Mme H. S. (Pastel.)

Gambon (Jeanne), 5 *bis*, rue Sainte-Sophie,
Versailles. [V. M. H.] (S^re.)

426 — Portrait de Mlle J. B. (Miniature.) (Voir peinture.)

Gérard (Gaston), 6, rue du Val-de-Grâce,
Paris.

427 — Jeune mère. (Aquarelle.)
428 — La Vendange. (Aquarelle.)
429 — Une lande en Bretagne. (Aquarelle.)

Gélibert (Gaston), Pavillon de Gerfaut, Châtillon-sous-Bagneux (Seine). (S^re.)

430 — Après la chasse au chenil. (Aquarelle.)
431 — Au rapport. (Aquarelle.)

Giraldy (Thérèse), 1, rue Yvon-Villarceau,
Paris.

432 — Pierrette. (Aquarelle.)

Germain (Suzanne), 19, boul. du Port-Royal,
Paris.

433 — Panier de Roses. (Aquarelle.)
434 — Pensées d'autrefois et d'aujourd'hui. (Aquarelle.)

Germain (Henriette), 19, boul. du Port-Royal,
Paris.

435 — Vénitienne. (Pastel.)
436 — Femme aux chrysanthèmes. (Pastel.)

Grinand (Jane), 133, avenue de Neuilly (Neuilly-
sur-Seine).

437 — Portrait de Mlle M. G. — Femme au voile. (Miniatures.)

Gruyer (Gabrielle), 61, rue Nollet.

438 — Les Chrysanthèmes roses. (Aquarelle.)

Guérin (Marie), rue de Chaillot, Paris.
[V. 2e méd. et R.]

439 — Le grand chapeau. (Pastel.)
440 — Vitrines contenant 4 miniatures.

Hennequin (Mme Marceline), 140 boul.
Raspail, Paris.

441 — Soir. (Pastel.)

Hepp (Pierre), 17, rue des Réservoirs.

442 — Faune à la Syringe. (Sanguine.) (Voir peinture.)

Hinck (Geneviève), 19, rue Demours, Paris.

443 — Entre deux parties. (Pastel.)

Hista (Louis), 18, rue de Chabrol, Paris. [P. M. H.]

444 — La place d'Armes (couchant). (Aquarelle).
445 — Le parterre du Midi (matin). (Aquarelle.) (Voir peinture.)

Janson (René), Direction d'Artillerie, place d'Armes, Versailles.

446 — Plat, oiseaux. (Céramique.)

Joseph (Mme Lucy), 64, rue Lafayette, Paris.

447 — Octobre dans la forêt de St-Leu (S.-et-O.). (Aquarelle.)
448 — Dans l'île Léon à Poissy. (Aquarelle.)

Juge (Julien), au Palais de Versailles. (S^{re}.)

449 — Croix pour Christ. (Bois sculpté.)

Jullien (Cécile), 61, avenue Daumesnil [V. M. II.]

450 — Indiscrète. (Lithographie originale.)
451 — Confidence. (Lithographie originale.)

Koechlin (Daniel), 8 *bis*, chaussée de la Muette, Paris-Passy. [V. 1ʳᵉ Méd.] (Sʳᵉ.)

452 — Effet de lune dans le port de Rotterdam. (Pastel.)
453 — Canal San Grégorio, Venise. (Effet de nuit.) (Pastel.)
454 — Le soir au bord de l'Ill (Haute-Alsace). (Pastel.)
455 — Roches Noires, Villiers-sur-Mer. (Don de l'auteur à la tombola.) (Pastel.)

Labbé-Serveille (Blanche), 39, rue de Rivoli, Paris.

456 — Retour des champs. (Pastel.)
457 — Sortie de l'église à Plougastel-Davoulas (Finistère. (Miniature.)

Lalauze (Alphonse), 24, quai de Béthune, Paris. [P. 3ᵉ Méd.]

458 — Vedette de dragons au camp de Boulogne (1804). (Aquarelle.)

Lamy (Aline), 102, rue Maubeuge. [V. 3ᵉ Méd.
et R.] (Sʳᵉ.)

459 — Œillets. (Aquarelle.)
460 — Souvenirs du Mont-Saint-Michel. (Aquarelle.)

Landre (Louise), 233, faubourg Saint-Honoré,
Paris.

461 — Château de Maule. (Aquarelle.)
462 — Un coin de resserte à Maule. (Aquarelle.)

Lasques (Daniel de). Hôtel de la Préfecture,
Versailles.

463 — Grandville la nuit. (Aquarelle.)
464 — Vieille rue de Saint-Lô. (Aquarelle.)

Laverge (Georges), 9, rue François-Bonvin,
Paris. [P. M. H.]

465 — M. Leygues, Ministre de l'Instruction publique et
des Beaux-Arts. — S. M. Oscar II, roi de
Suède et Norvège. — M. Sextius Michel,
maire du XVᵉ arrondissement. (Gravures sur
bois.)

Laverge (Jeanne), 116, rue Suffren, Paris.

466 — Marguerites et lilas. (Aquarelle.)

Léal (Geneviève), 31, boulevard Malesherbes,
Paris. (S^re.)

467 — Sainfoin en fleur. (Aquarelle.)
468 — Brouillard dans la vallée de la Juine. (Aquarelle.)

Lecocq (Henriette), 6, rue Thénard, Paris.
[P. M. II. — V. M. II.]

469 — Ruines du pont Rotto à Rome. — Château et
pont Saint-Ange à Rome. (Eaux-fortes.)

Lemaire (Georges), 22, rue Tourlaque, Paris,
et à Bailly (Seine-et-Oise). [P. ✳ H. C. —
V. Dip. d'Hon.]

470 — Une plaquette argentée. — Une plaquette relative
à l'inauguration de l'Hôtel des Postes, à Orléans.

Leras-Thurwanger (Hélène), au Cannet,
près Cannes (Alpes-Maritimes). (S^re.)

471 — Iris et tulipes du Cannet. (Aquarelle.)
472 — Le triomphe de Flore (d'après Carpeaux). (Miniature.)

Leteurtre (Émile), 24 rue Dauphine, Paris.
[V. 2e méd.]

473 — L'automne à Valmondois. (Aquarelle.)
474 — La Baie de Roscoff. (Aquarelle.) (Voir peinture.)

Level (Gabrielle), 48, rue Monsieur-le-Prince, Paris.

475 — Portrait de ma sœur. (Miniature.)

Loghadès (Léonie de), 137, boulevard Haussmann, Paris. [P. M. H. et Méd. de br. — V. Dip. d'hon] (S^re.)

476 — Un mousquetaire. (Pastel.)

Louppe (Lucie), 17, rue de la Rochefoucauld, Paris. [V. 3e méd. et deux rappels.]

477 — Pavots. (Aquarelle.)

Louvet (Marguerite), 54, rue des Saints-Pères, Paris.

478 — Chrysanthèmes. (Aquarelle.)
479 — Bleuets. (Aquarelle.)

Maillaud (Fernand), 3, rue de l'Estrapade, Paris. [P. M. H.]

480 — Étude de tête. (Sanguine.) (Voir peinture.)

Magneux (Marie), 7, avenue Watteau, Nogent-sur-Marne.

481 — Corbeille fleurie. (Aquarelle.)

Malfilâtre (Lucy), 22, rue de Staël, Paris.
[V. 3ᶜ Méd.]

482 — Le matin sur la Marne. (Aquarelle.) (Voir peinture.)

Malet (Paul), 66, boulevard des Batignolles, Paris, et 107, rue de Paris, Poissy (Seine-et-Oise).

483 — Dessins rehaussés d'aquarelle.

Mandart (Marie), 14, rue Demours, Paris.
[V. 3ᵉ méd.]

484 — Saint-Georges, interprétation d'après Albert Dürer. (Émaux translucides.) — Coupe (Ch. Dalbert) duc de Luynes. — Christ portant sa croix, d'après Paul Véronèse (Émaux de Limoges).

Mangeant (Émile), 104, avenue de Paris, Versailles [P. M. H. — V. 1ʳᵉ méd.] (Sʳᵉ.)

485 — Vitrine contenant des bijoux argent repoussé et patinés nacre opale. (Voir peinture.)

Marret (Henri), 39, rue de Douai. [P. M. H. — V. 3ᵉ méd.]

486 — Nuit de pêche. (Aquarelle.) (Voir peinture.)

Martinet (Marguerite), 64, boulevard de Strasbourg, Paris. [V. M. II.] (S^re.)

487 — Étude Louis XIII. — Étude (Miniatures.)
488 — Liseuse (d'après Flandrin). (Miniature.)

Matrod-Desmurs (Mme Berthe), 46, rue Laffitte, Paris. [V. M. II.] (S^re.)

489 — Lys rouge. (Miniature.)

Maupoix-Leroy (Mme Lucie), 137, rue Michel-Bizot, Paris.

490 — Le jeu de noyaux (d'après Saint-Aubin). — Duchesse de Devonshire. (Miniatures.)

May-Daubrive (Mme Angèle), 82, rue Mouffetard, Paris. [P. M. de Br. 1889. E. U.

491 — La Madeleine au désert (d'après le Corrège). (Porcelaine.)

Maynier (Amélie), chez Mme veuve Dezeuzes, 39, boulevard Saint-Germain, Paris.

492 — Au coin du feu. (Miniature.)

Martaignac-Billotey (Mme Marie), Lycée Marceau, Chartres. [V. 1re Méd. et Rappel.]

493 — Pavots. (Aquarelle.)

Morel (Charles), 43, boulevard Beauséjour,
Paris.

94 — La halte! (Aquarelle.)

Morinière (Stanislas), 54, rue Saint-Louis-
en-l'Ile, Paris.

495 — Portrait de mon père. (Dessin.) (Voir peinture.)

Nervaux (Henri de), 24, rue François Ier,
Paris.

496 — Trois études en Périgord. — Un soir, à Biarritz.
(Aquarelles.)

Noël (Georges), 72, rue de l'Est, Paris.

497 — Tête de jeune femme. (Crayon.) (Voir peinture.)

Nozal (Alexandre), 7, quai de Passy, Paris.
[P. H. C. ❋. — V. Dipl. d'h.]

498 — Au déclin du jour. Bas-Meudon. (Pastel.)
(Voir peinture.)

Odin (Blanche), 34, rue Notre-Dame-des-
Champs.

499 — Raisins. (Aquarelle.)
500 — Capucines et faux ébénier. (Aquarelle.)
501 — Iris. (Aquarelle.)

Paget (Aline), 43, rue Molière, à Montreuil-
sous-Bois. [V. M. H.] (S^re.)

502 — Pêches et raisins. (Aquarelle.)
503 — Branche de prunes. (Aquarelle.)
504 — Paysage. (Arcueil-Cachan.) (Aquarelle.)

Pallandre (Maurice), 3, boulevard du Roi, à
Versailles. [V. Méd. de Vermeil.] (S^re.)

505 — Chasseurs alpins. (Aquarelle.)
506 — Artillerie de la garde de 1870. (Aquarelle.)

Pallandre (Mme Georgina), 54, rue de la
Paroisse, à Versailles.

507 — Portrait d'enfant. (Miniature sur ivoire.)

Pallandre (Lucien), 54, rue de la Paroisse à
Versailles. [R. de 2e Méd.] (S^re.)

508 — Étude. (Aquarelle.)
509 — Effet de Neige. (Aquarelle.) (Voir peinture.)

Perreur (Jeanne), 39, rue des Écoles, Paris.

510 — Hélène et Pâris (d'après David). (Aquarelle.)

Ponsard (Andrée), 96, rue de Paris, à Vincennes. (S^re.)

511 — Géranium et graines d'aubépine. (Aquarelle.)
512 — Azalées et tulipes. (Aquarelle.)

Ponsin (Camille), 53, rue Duplessis, à Versailles. [V. M. H.] (S^re.)

513 — Soins maternels. (Pastel.)
514 — Portrait de Regnard (d'après Coypel). (Aquarelle.)

Popelin (Magdeleine), 5, rue Meslay, à Paris.

515 — L'allée du Val d'Enfer, forêt de Compiègne. (Aquarelle.)
516 — Le Soir. (Pastel.)
517 — Marais d'Arleux. (Aquarelle.)

Poseler (Paul). 10, rue de Marseille, Paris. [P. Méd. Arg. E. U. 1900. — V. 2e méd.]

518 — La ménagère. (Eau-forte originale.)

Réal-Delsarte (Mme Marie-Magdeleine), 88, boulevard de Courcelles, à Paris. [P. M. H. — V. 1re Méd.]

519 — « Entre deux vins ». (Aquarelle.)

Renoux (Hippolyte), à Vaugrigneuse, par Briis-sous-Forges. (S^re.)

520 — Les saisons fleuries. (Gouache enlumineux.)
521 — Mon église. (Gouache enlumineux.)

Rideau-Paulet (Thélika), 17, rue Puteaux,
Paris. [P. M. H. E. U. 1889-1900.]

522 — Ophélie. — Marchand de fleurs. (Miniatures.)

Ricolson (Émile), 15, rue Morère, Paris.

523 — Course plate. (Gouache.)
524 — Fâcheuse rencontre. (Gouache.)
525 — Promenade au bois. (Gouache.)

Roby (Mme Emma Renaud), 20, rue des Fon-
taines, à Thorigny-Lagny (Seine-et-Marne).
(S^{re}.)

526 — Portrait de Mme E. G. (Miniature.) — Le pre-
mier baiser. (Miniature.) — Jeune femme
(d'après Isabey). (Miniature.) — Portrait de
M. F. T. (Miniature.) — Portrait de Marie
Leczinska. (Miniature.) — Marie-Antoinette.
(Miniature.)

Rogissé (Marguerite), 70, rue Boursault,
Paris.

532 — Roses. (Aquarelle.)

Roussin (Marguerite), 111, rue Saint-Antoine,
à Paris.

533 — Grisette Directoire. (Pastel.) (Voir peinture.)

Roux (Paul), 14, rue du Rocher, Paris. [V. 3° Méd.]

534 — Porspodez (Finistère). (Aquarelle.)
535 — Évreux (Le Beffroy). (Aquarelle.)

Rumilly (Marie-Thérèse de), 19, boulevard de Port-Royal, Paris.

536 — Femme au chapeau. (Miniature.) — Étude vieillard. (Miniature.) — Médaillon grisaille appartient à M. G. (Miniature.) — Portrait. (Miniature.)

Saint-Maur-Morse-ap-Iwys (Marie), à Plaisir (Seine-et-Oise). (S^{re}.)

540 — Souvenir de Dieppe, l'arrivée du paquebot. (Voir peinture.)

Salard (Céline), 72, avenue de la Grande-Armée, Paris. [V. 3° méd.]

541 — Roses. (Aquarelle.)
542 — Raisins. (Aquarelle.)
543 — Volubilis. (Aquarelle.)

Schwartz (Esther), 86, rue Royale, Versailles. [V. 1re méd.] (S^{re}.)

544 — Le corps de Jésus-Christ étendu dans la tombe (d'après Holbein.) (Gravure sur bois.)
545 — Portrait de Mme G. et son fils. (Pastel.)
546 — Portrait de M. G. et sa fille. (Pastel.)

Serval (Maurice), 3, rue Daumier, Paris. [V.
M. II.] (S^re.)

547 — Novembre (pièce d'eau des Suisses). (Pastel.)
548 — Effet de neige au Bas-Meudon. (Pastel.)
519 — Les prés de la Faisanderie (Versailles). (Pastel.)

Stella-Samson (Louise), 4, boulevard de la
Bastille, Paris.

550 — Fleurs des champs. (Aquarelle.)
551 — Glycines et Cytises. (Aquarelle.)

Talagrand (Jean-Louis), 79, boulevard Montparnasse, Paris. [V. M. II.] (S^re.)

552 — Entrée de la prison. (Aquarelle.)
553 — Cours des condamnés (ancienne prison de la
Roquette). (Aquarelle.)

Tchoumakoff (Théodore), 137, boulevard
Haussmann, Paris. (S^re.)

554 — Tête d'enfant. (Pastel.)

Thorel (Cécile-Marie), 91, rue Royale, à Versailles. [P. M. H. — V. 2e méd.]

555 — Portrait de Mlle M. S. (Pastel.)

Tild (Jean), 6, rue des Beaux-Arts, Paris.

556 — Lecture. (Dessin.)
557 — Trois études. (Dessins.)

Toulouze (Eugène), rue Saint-Albin, 16, Grand-Montrouge. (S^re.)

558 — Henri II. (Émail pointillé.)
559 — Christine de Suède. (Émail.)

Trevert (Léon), 57, rue Rambuteau, Paris.

560 — Suzanne (d'après Tixier). Gravure en creux directe sur cuivre.)
561 — La fiancée du marin (d'après E. Feyen.) (Gravure.)

Turlin (Henri), 57, avenue Balzac, Ville-d'Avray.

562 — Une rue à Guyancourt. (Eau-forte originale.)

Tzaud (Aimée), 42, Chaussée-de-l'Étang, à Saint-Mandé (Seine.)

563 — Mélancolie. (Pastel.)
564 — Portrait de M. O. Le Comte. (Pastel.)

Vallayer - Moutet (Pauline), 14, passage Gourdon, Paris. [P. Méd. de B. E. U. 1900. — V. 3e méd.]

565 — L'Éplucheuse. (Pastel.)
566 — Le long de la Haie. (Pastel.)

Vauthier-Beaumont (Mme Augusta), 7),
avenue de Wagram, Paris.

567 — Ecce Homo. (Porcelaine.)

Verdier (Mme Louise), 58, rue Tiquetonne à
Paris.

568 — Sophie Wilhelmine de Prusse en Flore. — Ca-
therine de Russie en Diane. — Bougainville.
(Miniatures.)

Vimard (Marie), 51, rue des Martyrs, Paris.

569 — Sarcelle et Vanneau. (Pastel.)

Voland (Gabrielle), 8, rue Servandoni, Paris.
[V. M. II.)

570 — Capucines. (Plume et Aquarelle.)

Willms (Albert), 51, rue Bayen, Paris.

571 — Chiens courants. (Aquarelle.)

Wuytiers (Marie), 34, rue Dacudel, La Haye
(Hollande). (S^{re}.)

572 — Coup de soleil. (Aquarelle.)
573 — La Toussaint. (Aquarelle.)

Ysel (Isabelle), 12, rue Vineuse, Paris.

574 — Chèvrefeuilles. (Aquarelle.)
575 — Chrysanthème. (Aquarelle.)
576 — Coffret bonbonnière cuir incisé et repoussé.

Yung (Victor), 7, rue Doizu, Chaville (S.-et-O.)
[V. M. H.]

577 — Iris et Paysage. (Plat faïence et émaux cloisonnés.)

Zeigler (Gabrielle), 4, rue Pasquier, Paris.
[V. M. H.]

578 — Dans le Bourbonnais. (Aquarelle.)
579 — Lac italien. (Aquarelle.)

SCULPTURE

Alègre (Maurice), au Palais de Versailles.
[V. M. II.] (S^re.)

580 — Un bénitier en bois Interprétation du xviiie siècle.
(Sculpture.)

581 — Une collection de marrons sculptés. (Sculpture.)

Bertrand (René), 48, avenue Villeneuve-
l'Étang, à Versailles.

582 — Objet d'art. (Candélabre.) (Sculpture cire.)

Bernoud (Eugène), 183, rue Saint-Denis,
Paris.

583 — Printemps. (Sculpture ivoire.)
584 — Mélodie. (Sculpture ivoire.)

Bloch (Mme Élisa), 5 *bis*, rue Lebouteux, Paris.
[P. M. H. — V. 1re Méd. et Rappel.]

585 — Tout petit. (Buste terre cuite.)

Cadoux (Marie), 3 *bis*, impasse du Maine,
Paris. [P. 3e Méd.]

586 — La robe longue. (Sculpture.)
587 — Griphée. (Sculpture.)

Canivet (Charles), 40, avenue de Gravelle, à Charenton, Paris. [P. M. H.]

588 — Vague. (Étain.) (Sculpture.)

Carlus (Jean), 6, rue Tournefort, Paris. [P. 1re Méd.]

589 — Buste d'enfant, plâtre. (Sculpture.)

Charpentier (Maurice), 66, rue du faubourg Poissonnière, Paris.

590 — Chrysès, dans « Aphrodite » de Pierre Loüys. (Sculpture plâtre.)

Delbecque (Jeanne), 24, rue Duret, à Paris. (Sre.)

591 — Portrait de Mlle J. D***. (Buste plâtre teinté.) (Sculpture.)

Granger (Geneviève), 93, boulevard du Port-Royal, Paris.

592 — Un cadre contenant des médailles d'argent et bronze et un bijou (pendant de col argent). (Sculpture.)

Mony (Adolphe), 70, rue Spontini, Paris. [P. M. II. — V. M. II.]

593 — Jeune fille au boa. (Buste marbre.)
594 — Frédéric Flachat. (Médaillon bronze.)

Perzinka (Léon), 11-13, rue de Montreuil, à
Versailles. [V. M. H.] (S^{re}.)

595 — Tireur d'arc, équise bronze. (Sculpture.)
596 — Salière en argent, 1er titre. (Sculpture.)
597 — Encrier en argent, 1er titre. (Sculpture.)

Quinfe (Lucie), 8, rue Saint-Luc, à Paris.

598 — Coquille, femme couchée. (Terre cuite patinée.)
     (Sculpture.)
599 — Vase roses et lilas. (Terre cuite.) (Sculpture.)

Quingnaud (Mme Thérèse), 6, rue des Écoles,
à Arcueil (Seine). [P. M. H. 1900] (S^{re}.)

600 — Le faucheur. (Bronze.)
601 — Repos pendant la pluie (pendule). (Bronze.)

Waldmann (Oscar), 80, avenue du Maine,
Paris. [P. Méd. d'Arg. E. U. 1900.]

602 — Combat de cresserelle et serpent. (Bronze, cire
     perdue.)
603 — Portrait de Mlle Whit. (Terre cuite.)
604 — Ours du Caucase se balançant. (Terre cuite.)

PHOTOGRAPHIE.

Société Versaillaise de Photographie et Photo-Club de Paris.

Baillou (Ernest), 71, boulevard de la Reine, à Versailles.

1 — Pont de Précy (Oise).
2 — Le Grand Canal.
3 — Crypte d'église (Laon).
4 — Bords de l'Oise (Précy).
5 — Automne.

Baillou (Lucien), 51, rue d'Angivillers, Versailles.

6 — Kairouan (Tunisie).
7 — Torla (Pyrénées Espagnoles).
8 — Saint-Jean-Pied-de-Port.
9 — Au Marché Notre-Dame.
10 — Femme Kabyle.

Barbichon (Auguste), 19, rue Saint-Pierre, à Versailles.

11 — Au bord du Chemin.
12 — Sourire.
13 — Portrait de M. de S...
14 — Espiègle.

15 — Ronces et Genêts.
16 — Givre et Brouillard.
17 — Grand'mère.
18 — Mélancolie.

Bergon (Paul), 40, boulevard Haussmann, Paris.

19 — La femme au Serpent.

Berteaux (Georges), 75, avenue du Roule, à Neuilly (Seine).

20 — Intérieur de cour italienne.

Binder-Mestro (Mme), 7, rue d'Artois, Paris.

21 — Faneuses.
22 — Laveuses.
23 — Causette.

Bourgeois (Paul), 80, boulevard Malesherbes, Paris.

24 — Panneau décoratif.
25 — Un grain.

Brémard (Maurice), 41, boulevard Haussmann, Paris.

26 — Portrait de Mme F. B.
27 — Portrait de M. F. B.

28 — Portrait de Mme M. B.
29 — Lecture.

Bucquet (Mlle Antoinette), 12, rue Paul Baudry, Paris.

30 — Crépuscule.
31 — En manœuvres.

Bucquet (Maurice), 12, rue Paul Baudry, Paris. (S^{re}.)

32 — Berge de la Seine.
33 — Giboulées de mars.
34 — Chardons, par le givre.
35 — Sur un banc.
36 — Éclaircie.
37 — A la remorque.
38 — Marchand des quatre saisons.

Da Cunha (A.), 3, rue Meissonier, Paris.

39 — La pâtée.

Darnis (Achille), 4, rue Marbeuf, Paris.

40 — Givre.

Debains (Edmond), 22 *bis*, avenue de Saint-Cloud, Versailles.

41 — L'hiver : un chemineau.
42 — Trianon (Pavillon de la musique).

Demachy (Robert), 13, rue François Ier, Paris.

43 — Silhouette.
44 — Figure décorative.
45 — Motif rond.

Ducourau (Émile), 104, boulevard Haussmann, Paris.

46 — Environs de Saint-Jean de Luz.

Fouquet du Lusigneul (Fernand), 161, boulevard Haussmann, Paris.

47 — Étude.

Galichon (Roger), 29, rue d'Artois, Paris.

48 — Étude.

Gilibert (Albert), 92, Boulevard de Courcelles, Paris.

49 — Rue de Jerzual à Dinan.
50 — Saint-Énogat.

Grimprel (Georges), 71, rue du faubourg Saint-Honoré, Paris.

51 — Portrait de M. G.
52 — Portrait.

Hue (Adrien), 5, rue Pierre-Bertin, Versailles.

53 — Cernay.

Huguet (Mme Albert), 62, boulevard Malesherbes, Paris.

54 — La lessive.

Jessé-Curely (René), 20, rue de Provence, Versailles.

55 — Sous bois.
56 — Rivière en Sologne.
57 — Bords de la Sauldre.
58 — Temps de pluie en Sologne.
59 — Étude de brouillard.
60 — Le labour en Picardie.

Landeroin (Georges), 41, rue de la Paroisse, Versailles.

61 — Saint-Cucufa.
62 — Saint-Cucufa.
63 — Pâturage.
64 — La moisson.

Langlois (Maurice), 15, rue Hoche, Versailles.

65 — Sortie du port (Boulogne-sur-Mer).

La Personne (Georges de), 18, rue de la Paroisse, Versailles. (S^re^.)

66 — Étude.
66 *bis* — Étude.

Le Bègue (René), 51, rue Le Peletier, Paris.

67 — Repos.
68 — Danseuse.
69 — Au bord du ruisseau.

Le Roux (Paul), 48, boulevard Malesherbes, Paris.

70 — Lavandière.
71 — Premier sillon.

Marquet (Léon), 31, rue Vivienne, Paris.

72 — Volaille.

Naudot (Paul), 35, rue Washington, Paris.

73 — Panneau décoratif.
74 — Matinée d'automne dans le Duché de Bade.
75 — Retour du pâturage.

Ottenheim (Léon), 73, rue Duplessis, Versailles.

76 — Quartier Arabe.
77 — L'Elbe, à Hambourg.

78 — Pâturages normands.
79 — Corneville (fin de journée).
80 — Brume d'automne.
81 — Satory (Matinée d'hiver).

Petit (Charles), 30, avenue de Messine, Paris.

82 — Bretonne allant au marché.

Puyo (C.), 5, avenue Dupuis (La Fère.)

83 — Tête de Chapitre.
84 — Coin de Loge.
85 — Danse Printanière.
86 — Torse.

Richaud (Jules), 50, rue de la Paroisse, Versailles.

87 — Portrait de M. le Maire de Versailles.
88 — Concarneau.
89 — Saint-Cucufa.

Roy (Georges), 145, boulevard Haussmann, à Paris.

90 — La Soupe.

Roy (Mlle M.), 145, boulevard Haussmann, à Paris.

91 — Paysage d'automne.

Touranchet (Claudius), 6, rue Jouffroy, à Paris.

92 — Le Chevrier.

VERSAILLES. — IMP. CERF, 59, RUE DUPLESSIS ET 2, RUE ST-PIERRE.